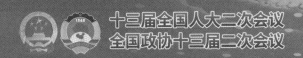

十三届全国人大二次会议
全国政协十三届二次会议

百姓看两会

2019幸福密码

新华通讯社新闻信息中心 编

人民出版社

扫描二维码
观看两会视频

目录
Contents

百 姓 看 两 会

Contents

百 姓 看 两 会

01

增有
其度

NPC and CPPCC

> " 面对国际贸易保护主义抬头的背景，中国经济
> 实现 6.6% 的增速，的确是来之不易。"
>
> ——李克强总理会见采访全国两会的中外记者并回答提问

壹 数说幸福

NPC and CPPCC
Interpretation for the People

国内生产总值增长 **6.6%**，总量突破 **90** 万亿元。

▲ 捕捞队员在浙江省杭州市淳安县千岛湖进行巨网捕鱼（2018 年 11 月 28 日摄）

报告原文

经济运行保持在合理区间。国内生产总值增长 6.6%，总量突破 90 万亿元。经济增速与用电、货运等实物量指标相匹配。居民消费价格上涨 2.1%。国际收支基本平衡。

今年经济社会发展的主要预期目标是：国内生产总值增长 6%—6.5%。

▼ 在中集来福士山东烟台建造基地，多座半潜式钻井平台在施工中（2018 年 6 月 29 日摄）

解码幸福

NPC and CPPCC
Interpretation for the People

两会解读

张立群：预期目标须坚持底线思维

新华网：

我们看到 2019 年政府工作报告中提出 2019 年预期目标，包括 GDP 增长 6%—6.5%，宏观杠杆率基本稳定。我们应如何研判 2019 年中国宏观经济走向？

国务院发展研究中心宏观经济研究部研究员　张立群：

今年，经济发展面对的挑战是进一步增加的，我们应对下行压力方面的困难是不容低估的。而在此背景下，要看到另一个方面，就是中国经济所具有的韧性和潜力。推进新型城镇化包含着巨大的发展潜力，京津冀、粤港澳大湾区、长三角地区等正拉动整个城市群加快发展，也积蓄着巨大的建设发展空间。

▲ 工人在江西省都昌县蔡岭工业区一纺纱企业纺纱（2018 年 8 月 19 日摄）

▲ 农民驾驶收割机在江苏省淮安市盱眙县黄花塘镇老营"虾稻共生"示范基地收获水稻
（2018 年 9 月 20 日摄）

　　今年，无论在扩大需求方面，或是在提高供给质量方面，经过努力都可以实现明朗的前景。一方面要做好宏观调控工作，发挥好宏观政策逆周期调节的作用，使得内需有显著增强，使得总需求下行压力很快得到化解；另一方面，通过进一步深化改革，扩大高水平对外开放，我们的制度环境会日趋完善，市场对各类资源要素的配置效率会不断提高，高质量的发展也会取得扎实进展。

两会声音

宁吉喆：今年年初以来我国经济运行总体平稳，趋势向好

新华社记者：

我们注意到，不久前的地方两会上有部分省区市下调了 2019 年的 GDP 增长目标。有机构认为，2019 年对中国来说，或是国际金融危机以来预测前景最为悲观的一年。请问，从今年头两个月的经济数据看，您如何看待 2019 年中国经济走势？

国家统计局局长　宁吉喆：

应该说经济增长的预期目标，6%—6.5%，这在世界主要经济体当中，可以说是最高的增长速度，前几位的主要经济体很难达到这个增速。中国经济总量已经很大了，即使从我国实际出发，这也是一个中高速的增长。保持经济增长处于合理区间，有利于保就业和增收入，改善人民生活，有利于调结构、增效益，推动高质量发展，也有利于强市场、扩消费，与世界各国互利发展。

▲ 从上海洋山深水港四期无人码头控制塔上俯瞰码头集装箱堆场（2018 年 5 月 17 日摄）

今年 1—2 月份统计数据正在集成当中。3 月 14 日，国家统计局将按时发布 1—2 月份的经济数据。从目前已经知道的部分数据来看，今年 1—2 月，我国经济运行开局总体向好。

一是生产总体向好。农业生产基础稳定，冬小麦和设施农业的生产情况较好。工业生产总体平稳。春节以后，电力生产逐渐加快，2 月份发电量同比增长 6.7%。3 月 1 日—10 日，电网公司提供的日均发受电量增长率达到了 11%。服务业生产持续增长，增长比较快的是信息服务业、商务服务业这些现代服务业。

　　二是消费总体向好。大家知道，春节期间，全国零售和餐饮企业销售额跟去年同期相比增长了 8.5%，旅游收入同比增长了 8.2%，电影票房 58.4 亿元，创历史新高。从消费特点看，服务消费继续快于商品消费，农村消费快于城市消费，特别是线上线下融合发展的新消费发展很快。

　　三是物价和就业总体平稳。物价数据已经公布，1—2 月份，CPI 居民消费价格指数同比上涨 1.6%，其中鲜菜、鲜果、水产品、猪牛羊肉价格温和上涨。这些都是与人民生活密切相关的。PPI 工业生产者出厂价格指数同比上涨了 0.1%，上游产品的价格涨得低一点，有利于减轻下游产品成本压力。就业总体是平稳的。国家统计局对 22 个省企业返岗复工情况的调查显示，春节后，八成以上企业，员工返岗复工率超过 90%。

▼ 贵州省毕节市大方县长石镇的村民在加工面条（2018 年 4 月 27 日摄）

▲ 在湖南省张家界市武陵源风景区，居民在展示土家族织锦技艺（2018 年 6 月 7 日摄）

　　四是外贸、外汇总体向好。这些数据已经公布了。1—2 月，货物进出口总额同比增长0.7%，实现了正增长。剔除春节因素后，今年 2 月份进出口总值同比增长 10.2%，其中出口增长 7.8%，进口增长 12.9%。3 月初以来，进出口增长 20% 以上，当然这里边也有阶段性因素的影响，但势头是很好的。大家知道，国家外汇储备 2 月底达到了 3.09 万亿美元，连续 4 个月上升。

▲ 浙江省宁波市北仑区吉利汽车春晓制造基地的自动化焊接线（2018 年 10 月 25 日摄）

　　最后，市场预期总体向好。2 月份制造业 PMI 指数中的新订单指数回升到 50.6%，上升了 1 个百分点，这是反映生产市场预期的。反映消费预期的消费者信心指数，2 月份达到了 126，环比上升了 2.3 个点。反映金融市场预期的上证指数今年以来涨幅在 20% 左右。所以从上述五个方面看，今年年初以来，我国经济运行总体平稳，趋势向好。

两会金句

"中国经济会始终成为世界经济的一个重要稳定之锚。"

——国务院总理　李克强

▼ 在江西省都昌县中馆镇，一列动车正从丰收的田野上驶过（2018 年 10 月 6 日摄）

叁 "图"个明白

NPC and CPPCC
Interpretation for the People

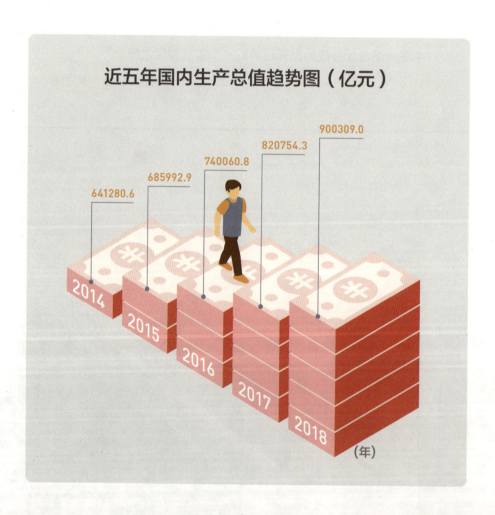

近五年国内生产总值趋势图（亿元）

641280.6

685992.9

740060.8

820754.3

900309.0

2014

2015

2016

2017

2018

（年）

02

业有所成

NPC and CPPCC

"我们说保持经济运行在合理区间，首先是要保就业，不让经济滑出合理区间，就是不能出现'失业潮'。"

——李克强总理会见采访全国两会的中外记者并回答提问

壹 **数**说幸福 NPC and CPPCC
Interpretation for the People

城镇新增就业 **1361** 万人、调查失业率稳定在 **5%** 左右的较低水平。

今年预期目标是城镇新增就业 **1100** 万人以上，城镇调查失业率 **5.5%** 左右，城镇登记失业率 **4.5%** 以内。

▲ 求职者在江苏省金湖县新春企业用工招聘会现场了解招聘信息
（2019 年 2 月 10 日摄）

报告原文

经济运行保持在合理区间。城镇新增就业 1361 万人、调查失业率稳定在 5% 左右的较低水平。近 14 亿人口的发展中大国，实现了比较充分就业。

今年经济社会发展的主要预期目标是：城镇新增就业 1100 万人以上，城镇调查失业率 5.5% 左右，城镇登记失业率 4.5% 以内。

就业优先政策要全面发力。就业是民生之本、财富之源。今年首次将就业优先政策置于宏观政策层面，旨在强化各方面重视就业、支持就业的导向。当前和今后一个时期，我国就业总量压力不减、结构性矛盾凸显，新的影响因素还在增加，必须把就业摆在更加突出位置。稳增长首要是为保就业。今年城镇新增就业要在实现预期目标的基础上，力争达到近几年的实际规模，既保障城镇劳动力就业，也为农业富余劳动力转移就业留出空间。只要就业稳、收入增，我们就更有底气。

加强对城镇各类就业困难人员的就业帮扶。对招用农村贫困人口、城镇登记失业半年以上人员的各类企业，三年内给予定额税费减免。加强对灵活就业、新就业形态的支持。坚决防止和纠正就业中的性别和身份歧视。

宁夏回族自治区银川市求职者在招聘会现场与 ▶
用人单位交流（2019 年 3 月 22 日摄）

贰 解码幸福 NPC and CPPCC
Interpretation for the People

两会解读

杨宜勇：宏观调控首次将就业与财政、货币政策工具并列

新华网：

您如何看待 2019 年我国就业的总体形势？如何做好 2019 年的就业工作？

▼ 求职者在江苏省南通市举办的"巢引归雁·帆扬江海"2018 年大型公益性人力资源招聘洽谈会上查看信息（2018 年 2 月 24 日摄）

国家发展和改革委员会社会发展研究所所长　杨宜勇：

今年政府工作报告首次将就业优先政策置于宏观政策层面，旨在强化各方面重视就业和支持就业的导向。过去我们的宏观调控政策主要讲两个：财政政策、货币政策。把财政、货币和就业三个政策工具并列，这在中国的经济发展史上或经济工作史上是头一回，是一个创新。

就业工作的首要任务是稳住、稳定，不要轻易地裁员或下岗。然后，在稳定的前提下，要扩大就业。对招用农村贫困人口、城镇登记失业半年以上的各类企业，三年内给予定额税费减免。就是鼓励一些企业招收下岗失业人员。同时要加强对灵活就业和新就业形态的支持，要坚决防止和纠正就业中的性别和身份歧视。

做好 2019 年的就业工作，除了要实施好就业优先的战略以外，关键还是要发展好新经济、拓展好新业态、培育好新动能。因为经济增长是"皮"、就业是"毛"，"皮"好"毛"自然多，"毛色"自然鲜亮。

▲ 江苏省无锡市，求职者在招聘会现场查看招聘信息（2019 年 1 月 19 日摄）

张立群：就业优先置于宏观政策层面　将形成政策合力

新华网：

2019年政府工作报告要求"进一步稳就业、稳金融、稳外贸、稳外资、稳投资、稳预期，提振市场信心"，可见多方面因素都会影响到经济能否稳定运行。其中，今年首次将就业优先政策置于宏观政策层面，对此应如何解读？宏观政策又将如何形成合力？

国务院发展研究中心宏观经济研究部研究员　张立群：

在宏观政策方面，今年在稳增长的目标之下，特别提到了就业优先政策，并把稳定和扩大就业的要求提到了一个新高度。

实际上，从宏观经济运行来看，增长和就业是紧密相关的，现在一个百分点的GDP增长率大概包含200多万个就业岗位。经济增速之高或低，对就业增长非常重要。而从党和政府的角度看，面对经济下行的突出压力，首要考虑的是就业，因为就业是民生之本。

在财政政策方面，包括财政赤字比上年提高了 0.2 个百分点，从 2.6% 到 2.8%；全年减轻企业税收和社保缴费负担近 2 万亿元；地方专项债发行比去年增加 8000 亿元，且要求有效发挥作用。这些部署就是为了从多方面增加有效需求，促进消费，增加有效投资。

货币政策方面，一是强调不能强刺激，不搞"大水漫灌"；二是要求确保流动性充裕，进一步疏通货币通向实体经济、通向小微企业的渠道，来确保贷款难、贷款贵的问题得到明显缓解。

在推进高质量发展时，必须注重保持合理的总需求规模。所以在这个方面，今年的政府工作报告也做了很多安排。

总的来说，我认为就业优先在今年作为一个重要目标被加以强调，表现出我国在稳增长、稳就业方面的决心和政策力度会显著加大。要让我们全体人民的创业热情和激情得到充分释放，让十几亿中国人的聪明才智得到充分发挥，使得他们在现代化建设中的能量得到更充分释放，没有一定的经济增长速度是保证不了的。

▼ 老年人才在南通市"银发人才"服务企业创新发展招聘会上与用人单位签约（2018 年 12 月 27 日摄）

两会声音

> 吴国平：促就业保民生　旅游业大有可为

新华网：

今年政府工作报告中指出："就业优先政策要全面发力。就业是民生之本、财富之源。"作为旅游行业的代表，您认为旅游业对于促进就业可以扮演怎样的角色？

全国人大代表　吴国平：

今年就业优先成为热词，旅游业作为促就业的重要引擎，促就业、兴创业有着广阔空间，不仅创造众多的就业岗位，也创造了更多的创业舞台。

旅游业具有"海纳百川"式的就业承载力，又具有"一呼百应"的行业带动力。旅游业涵盖

▲ 在合肥学院内，求职者与企业招聘人员交流（2018 年 10 月 20 日摄）

▲ 由上海市、江苏省、浙江省、安徽省联合举办的"长三角地区春季人才交流洽谈会暨2019届高校毕业生择业招聘会"在上海展览中心举行（2019年3月24日摄）

了吃住行游购娱，带动的行业将近一百个。同时，旅游业具有"兼收并蓄"的人才包容性。旅游业涉及的领域广泛，人才的需求也多样化，根据行业门类和岗位层次的不同，不同层次的劳动力都可以在这里找到自己的合适岗位。这个产业既需要一些高学历、高知识的管理、规划等人才，也需要提供简单技能的普通劳动力；既可以为创业者提供更广阔的平台，更开拓的思路；也可以很好地照顾到再就业人员、农村人口和弱势群体的就业。

所以，旅游业对于全面发力就业优先政策，维护社会稳定和谐具有重要的促进作用。

两会金句

"就业是最大的民生。"

——全国政协委员　王一鸣

▼ 残疾人王丹（左一）在唐山市路南区残疾人就业培训中心与残疾人一起编织串珠工艺品
（2018 年 8 月 7 日摄）

近十年从业人员结构变化趋势图（万人）

| 33322 | 34687 | 35914 | 37102 | 38240 | 39310 | 40410 | 41428 | 42462 | 43419 |

| 2009 | 2010 | 2011 | 2012 | 2013 | 2014 | 2015 | 2016 | 2017 | 2018 |

| 42506 | 41418 | 40506 | 39602 | 38737 | 37943 | 37041 | 36175 | 35178 |

| 2009 | 2010 | 2011 | 2012 | 2013 | 2014 | 2015 | 2016 | 2017（年） |

▲ 城镇社会从业人员　　　　▲ 乡村社会从业人员

03

百业
创新

NPC and CPPCC

> 我们还要推动创新创业创造，用好大众创业、万众创新平台，提供更多的就业岗位。就业好不好，这本身也是经济好不好的一个重要体现。

——李克强总理会见采访全国两会的中外记者并回答提问

壹 数说幸福

日均新设企业超过 **1.8** 万户，市场主体总量超过 **1** 亿户。从失业保险基金结余中拿出 **1000** 亿元，用于 **1500** 万人次以上的职工技能提升和转岗转业培训。高职院校今年大规模扩招 **100** 万人。

▲ 北京，海归工业设计创客青年颜景川在公司和员工开会（2019年1月10日摄）

报告原文

　　消费拉动经济增长作用进一步增强。服务业对经济增长贡献率接近 60%，高技术产业、装备制造业增速明显快于一般工业，农业再获丰收。

　　新兴产业蓬勃发展，传统产业加快转型升级。大众创业万众创新深入推进，日均新设企业超过 1.8 万户，市场主体总量超过 1 亿户。新动能正在深刻改变生产生活方式、塑造中国发展新优势。

▲ 返乡青年创业者梁倩娟在十三届全国人大二次会
　议"代表通道"接受采访（2019 年 3 月 8 日摄）

报告原文

多管齐下稳定和扩大就业。扎实做好高校毕业生、退役军人、农民工等重点群体就业工作，加强对城镇各类就业困难人员的就业帮扶。对招用农村贫困人口、城镇登记失业半年以上人员的各类企业，三年内给予定额税费减免。加强对灵活就业、新就业形态的支持。坚决防止和纠正就业中的性别和身份歧视。实施职业技能提升行动，从失业保险基金结余中拿出 1000 亿元，用于 1500 万人次以上的职工技能提升和转岗转业培训。

▼ 在天津现代职业技术学院，选手参加全国职业院校技能大赛天津赛区工业机器人技术应用项目比赛（2018 年 5 月 6 日摄）

▲ 在廊坊市安次区落垡镇残疾人职业培训基地，工作人员在展示雏鹅（2018 年 5 月 19 日摄）

 报告原文

　　加快发展现代职业教育，既有利于缓解当前就业压力，也是解决高技能人才短缺的战略之举。改革完善高职院校考试招生办法，鼓励更多应届高中毕业生和退役军人、下岗职工、农民工等报考，今年大规模扩招 100 万人。扩大高职院校奖助学金覆盖面、提高补助标准，加快学历证书和职业技能等级证书互通衔接。改革高职院校办学体制，提高办学质量。中央财政大幅增加对高职院校的投入，地方财政也要加强支持。设立中等职业教育国家奖学金。支持企业和社会力量兴办职业教育。我们要以现代职业教育的大改革大发展，加快培养国家发展急需的各类技术技能人才，让更多青年凭借一技之长实现人生价值，让三百六十行人才荟萃、繁星璀璨。

解码幸福 **NPC and CPPCC**
Interpretation for the People

两会解读

杨宜勇：解决就业问题要化被动为主动　以创业带动就业

新华网：

在经济下行压力加大、形势复杂多变的情况下，我国就业指标较好完成，背后的原因是什么呢？

国家发展和改革委员会社会发展研究所所长　杨宜勇：

分析原因，第一是党中央、国务院高度重视就业问题，促进就业的政策体系进一步完善。过去我们讲就业是民生之本，现在讲就业是最大的民生，把就业的重要性又往前推进了一步。

第二个原因，我们强调解决就业问题要变被动为主动，主动出击，所以积极推进以创业带动就业的工作。只有创业，才可能有更多、更好的就业。

　　第三个原因就是解决就业问题，特别重视劳动者的能力建设，重视职业技能培训工作，让他们有更高的技能，在劳动力市场通过竞争获得有效的岗位。

　　第四个原因是 2018 年特别关注"三支队伍"的帮扶，使得重点群体的就业平稳有序。一是高校毕业生，我们落实高校毕业生就业创业促进计划和基层的成长计划，通过"三支一扶"选派 2.8 万名高校毕业生到基层服务；二是做好稳妥推进去产能职工的安置工作；三是确保农民工就业平稳有序。

▲ "90后"青年创业者陈琳（女）陈飞夫妇交流冲泡武夷岩茶的技艺（2019 年 1 月 18 日摄）

　　第五个原因是在就业促进的过程中，我们特别强调，要让市场发挥基础性的作用。2018 年一年人力资源市场的建设也取得新进展，其中一个重要标志就是实施了《人力资源市场暂行条例》，加大劳动力市场监管力度。

　　第六个原因在于促进就业强调让政府发挥更好的作用，2018 年我们在公共就业服务水平方面进一步提升。

▲ 在无锡商业职业技术学院旅游管理学院的中式面点实训室，周敏耀老师（左）
向学生传授太湖船点制作技艺（2018 年 12 月 5 日摄）

杨宜勇：打破"隐形墙" 实现职业培训与就业一站式服务

新华网：

大规模开展职业技能培训，是建设知识型、技能型、创新型劳动者大军的重要基础。能不能通过实施职业技能提升行动来促进就业？

国家发展和改革委员会社会发展研究所所长　杨宜勇：

如果说从人力资源结构性改革的角度来讲，应该主要体现在四个方面。

一是对准备就业和有登记培训愿望的人员，在一个月内政府必须提供相应的培训信息或者统筹组织开设这样的培训项目，给予及时服务。

二是对已经就业的人员，我们提出鼓励企业开展新型的学徒制培训。这和我们一直倡导的工匠精神、劳模精神是紧密联系的。

三是对于建档立卡贫困劳动力，要提出精准掌握就业困难人员中新生代农民工的基本情况，优先提供技能培训服务或者技工教育，把立档建卡、农民工培训和脱贫攻坚紧密结合起来。

四是对于创业和创业初期的人员，要有针对性开展电子商务的培训，帮他们能够顺利地开业和展业。

▲ 在山东省郯城县红花镇青年创业园，返乡青年创业者王超（右）在查看中国结的网销情况（2019 年 3 月 13 日摄）

▲ 河北省东光县无忧草职业培训学校的教师（前右三）教授学员婴儿护理知识（2018 年 5 月 10 日摄）

　　总而言之，新时代高质量的职业技能培训有三方面重点：一是要创新培训的内容和方式；二是要扩大培训的供给；三是要做好培训的公共就业服务，使得培训和就业能够紧密联系在一起，实现一站式服务。培训完成就能就业，不能在培训和就业之间还有一道墙。这道"隐形的墙"，我们要打破。

▼ 全国职业院校技能大赛（行业特色赛）在渝举行，参赛选手在比赛中进行井下 15 秒级导线测量布点（2018 年 6 月 27 日摄）

两会声音

杨飞飞：多组织以生产为导向的职业技能培训

全国人大代表　杨飞飞：

产业工人在整个生产过程当中，能不能政府联合企业，做这种以生产为导向的职业技能培训？把我们企业当作实训场地，把我们的设备当作实训设备，给产业工人进行职业技能提升。既为企业留人才做很好的支撑，未来对他们的职业发展也都有非常大的好处。

两会金句

"我第一学历就是技校毕业。"

——湖北省政协副主席　郭跃进

叁 "图"个明白

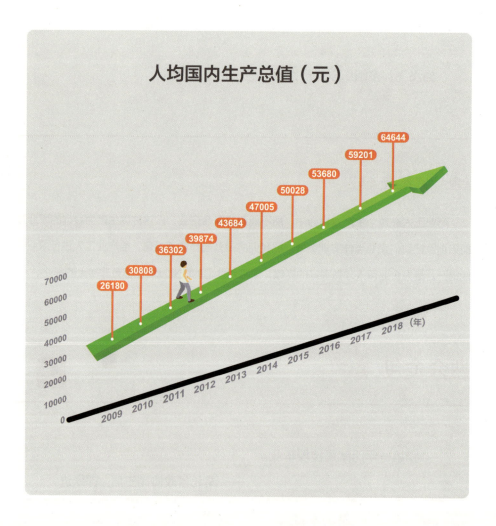

人均国内生产总值（元）

04

用有所节

NPC and CPPCC

> " 现在中国市场主体已经超过 1 亿户，把他们的活力激发出来，这个力量可以说是难以估量的……把他们的创造力释放出来，我们一定能够保持经济运行在合理区间，而且推动高质量发展。"

——李克强总理会见采访全国两会的中外记者并回答提问

壹 数说幸福

单位国内生产总值能耗下降 **3.1**%。

今年目标是单位国内生产总值能耗下降 **3%** 左右。

▲ 河北省乐亭经济开发区一家新型建材制造企业的工人在清点准备出厂的产品
（2019 年 1 月 26 日摄）

报告原文

经济结构不断优化。单位国内生产总值能耗下降 3.1%。质量和效益继续提升。

今年经济社会发展的主要预期目标是：生态环境进一步改善，单位国内生产总值能耗下降 3% 左右，主要污染物排放量继续下降。

▼ 河北华骏环保科技有限公司质检人员在检测脱硫塔专用除雾器（2019 年 3 月 29 日摄）

NPC and CPPCC
Interpretation for the People

两会解读

陆昊：生态文明是我们和我们的子孙后代的共同利益

香港经济导报记者：

自然资源部作为新整合的超级大部，请问现在整合得怎么样了？请透露一下今后工作的着力点。

自然资源部部长　陆昊：

非常感谢媒体朋友关注自然资源部的组建背景。媒体朋友们可能注意到了，在去年公布的中共中央《深化党和国家机构改革方案》中，在组建自然资源部那一段里，第一句话就是"建设生态文明是中华民族永续发展的千年大计"。我们理解，组建自然资源部是以习近平同志为核心的党中央深入推进生态文明建设的重要举措。这里既体现出党中央对生态文明建设、对中华民族永续发展的深远历史考量，也体现了党中央从更深层次、更科学的治理机制来解决当前生态保护和自然资源开发利用中存在的突出问题。

在实践中，我们也感到，一些部门职责分散或者交叉，很难从山水林田湖草作为整体的生态系统角度，从国土空间整体角度进行管控和治理。再比如，当前也有很多问题，只从事后的违法违规角度进行处罚是不够的，需要从更深层次完善体制机制。经过一年来的努力，我们已经解决了一些突出问题，还有一些问题需要继续努力。比如，陆海分界线的标准长期没有得到统一，现在已经统一了。再比如，林地和草地的划分技术规范和标准，长期以来也没有完全统一，现在也统一了，这样可以减少地方在确权颁证等方面的困惑。

当然，你刚才提到规划问题，的确存在原来的城乡建设规划与土地利用规划之间的技术规范不够统一等问题，所以有的城市会有部分建设用地不能合规使用。这一问题，将在下一步"多规合一"中得到解决。

▲ 河南省平顶山市由采煤塌陷区修复改造的白鹭洲国家城市湿地公园一景（2019年3月12日摄）

我们面临的主要挑战。履行好"两统一"职责是有很多挑战的。比如生态产品是最大的公共品，但是生态产品的价值实现机制问题，还需要我们从理论和实践方面进行探索和研究。再比如，我国幅员广阔，各地情况千差万别，如何基于各地的自然地理状况，与地质结构相关联，制定出更加有效的国土保护政策，使它在更科学的基础上有更大的权威性，这也需要我们深入探索。再比如，水的问题在整个生态系统当中是极其重要的，特别是当前气候变化，人类活动导致湖泊、湿地面积减少、蓄水能力下降，以及水污染带来的降水、地表水、地下水的水平衡问题，对生态系统和经济社会发展都产生严峻挑战。这直接关系到很多地区的生态保护和修复，比如国土绿化、植树造林、退耕还林还草以及重要生态系统问题，背后都跟水平衡有关。这需要自然资源部和水利部、生态环境部、林业草原局等一起努力解决。

在党中央的坚强领导下，我们不断探索创新，采取有效措施，逐步加以解决。我们愿意听取社会各方面的意见，也需要全社会的智慧。在这里拜托媒体朋友，更多关注生态保护和自然资源的节约集约利用。自然资源是我们和我们的子孙后代共同拥有的，利用是应该的，但如何更科学合理地利用，需要有更大的共识。生态文明是我们和子孙后代的共同利益。

▼浙江首个低风速风力发电项目累计发电近 1.5 亿度（2018 年 8 月 23 日摄）

两会解读

张立群：经济发展应兼顾"量"与"质"

新华网：

政府工作报告中提出 2019 年预期目标，您能用几个关键词进行概括吗？

国务院发展研究中心宏观经济研究部研究员　张立群：

2019 年政府工作报告中提出的任务目标有两类，即经济发展"量"与"质"的要求。

量的方面，包括 GDP 增速要保持在 6%—6.5% 的区间，物价涨幅 3% 左右，城镇新增就业 1100 万人以上，以及国际收支平衡等宏观经济总量各个方面的要求。

质的方面，包括经济结构调整的多方面任务安排。例如单位国内生产总值能耗下降 3% 左右，污染物排放量继续下降等等，以实现更有质量、更加绿色的发展。

▲ 百兆瓦级光热电站——首航节能敦煌 100 兆瓦熔盐塔式光热电站在甘肃省敦煌市建成（2018 年 12 月 27 日摄）

▲ 浙江省长兴县，李家巷中心幼儿园的孩子们在参加垃圾分类小游戏（2018 年 12 月 12 日摄）

两会声音

郑月明："练好内功"实现技术不断进步 产业不断升级

全国人大代表 郑月明：

今年两会我有一个关于改善白色污染现象的建议。建议限制一次性塑料制品的使用，用生物可降解材料来替代塑料制品。

▼ 河南省南乐县国家生物基材料产业园里生产的可降解环保垃圾袋（2018 年 4 月 19 日摄）

▲ 河南省南乐县国家生物基材料产业园内，工作人员在展示制作完成的可降解包装袋（2018 年 5 月 15 日摄）

　　（具体措施）主要有四个方面：一是国家应出台相关法规来要求在某些领域必须使用生物可降解材料替代塑料制品；二是制定相关政策鼓励企业进行这方面的创新；三是分类处理塑料垃圾，进行二次加工以便循环使用；四是制定生物可降解材料的产品标准，加大宣传力度。

两会金句

"绿色发展可以'逼'出高质量发展。"

——全国人大代表　周文涛

"推进高质量发展就要紧抓科技创新这个'牛鼻子'。科技创新要耐得住寂寞，研发出来的东西虽然可能不是马上就能用上，但现在就要为将来做好准备。"

——全国人大代表　汤亮

▲ 浙江省杭州市临安区高虹镇杭州宇中高虹照明电器有限公司检测线上的 LED 灯（2017 年 9 月 8 日摄）

叁 "图"个明白

NPC and CPPCC
Interpretation for the People

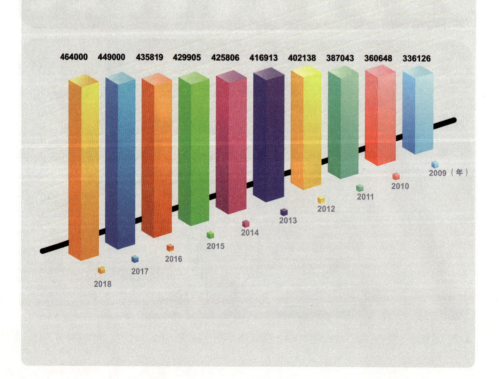

能源消费总量（万吨标准煤）

464000　449000　435819　429905　425806　416913　402138　387043　360648　336126

2009（年）
2010
2011
2012
2013
2014
2015
2016
2017
2018

05

贫有所依

NPC and CPPCC

> " 精准脱贫要坚持现行标准，聚焦深度贫困地区和特殊贫困群体，加大攻坚力度，提高脱贫质量。"

——李克强总理作政府工作报告

壹 数说幸福

农村贫困人口减少 **1386** 万，易地扶贫搬迁 **280** 万人。
今年预期目标是农村贫困人口减少 **1000** 万以上。

▲ 贵州丹寨，采茶工在丹寨县龙泉镇羊甲村的茶园里采摘春茶（2019 年 3 月 17 日摄）

报告原文

　　三大攻坚战开局良好。精准脱贫有力推进，农村贫困人口减少 1386 万，易地扶贫搬迁 280 万人。

　　今年经济社会发展的主要预期目标是：农村贫困人口减少 1000 万以上，居民收入增长与经济增长基本同步。

贰 解码幸福 NPC and CPPCC
Interpretation for the People

两会解读

刘尚希：民生改善是为了人的发展　为经济发展增后劲

新华网：

今年的财政支出比去年要高，这对改善民生是很好的事情。怎么让多出的财政支出更好地改善民生？

全国政协委员、中国财政科学研究院院长　刘尚希：

改善民生是发展的目的。经济发展是为了社会的发展，社会的发展最终是为了人的发展。所以，改善民生毫无疑问是发展的最终落脚点。在财政支出安排上也要体现到人民生活改善上。

▲ 湖南凤凰，苗族老家寨的绣娘探讨苗绣技艺（2019 年 2 月 18 日摄）

　　从我国的国情出发，从当前的实际情况来看，我认为民生的概念不完全是福利的概念。它实际上是人的发展概念。人的发展概念包括人的基本素质、人的能力提升、生活中各种风险的防范。关于人的投入是很多的，教育、医疗卫生、社会保障等等都是关于人的投入。

　　通过实现人的发展为经济发展增强后劲，形成良性循环。

两会声音

周异决：打好脱贫攻坚"六场硬仗"

新华网：

多年来，脱贫攻坚一直是百色的工作重点，能不能简单介绍百色市在这方面做了哪些工作？

全国人大代表、百色市市长　周异决：

脱贫攻坚开展三年来，我们把脱贫攻坚当作最大的政治任务、最大的民生工程和最大的发展机遇，全力推进贫困地区增收、农民脱贫致富。通过全市干部群众的共同努力，去年我们市的脱贫攻坚取得了比较明显的成效。4 个县脱贫摘帽、226 个村脱贫出列、20.3 万人脱贫。

新华网：

让深度贫困地区脱贫这方面，百色有没有具体的措施？

全国人大代表、百色市市长　周异决：

我们还有七个县没有脱贫，都是深度贫困县。市委市政府把今年作为脱贫攻坚关键年，就是要集中力量，对难中之难、坚中之坚进行攻关，着力打好六场硬仗。

第一个是打好项目建设攻坚战，将所有通行政村的路全部维修加固，将所有贫困村贫困户的安全饮水问题解决好，让所有的贫困村实现通信网络的全覆盖。

▼ 广西壮族自治区百色市德保县城关镇那温村的花海（2018 年 11 月 27 日摄）

▲ 广西壮族自治区百色市右江区永乐镇西北乐村西瓜梯田景色（2018年3月9日摄）

第二个是打好异地扶贫搬迁攻坚战，把今年的异地扶贫搬迁任务完成好，特别是解决好已经搬迁人员的就业等方面问题。让他们搬出来后能够致富。

第三个是打好内生动力攻坚战。我们要想办法激发贫困户、贫困群众，让他们积极主动地参与到脱贫攻坚里面来。比如，组织爱心公益超市，让群众通过劳动获得财富，享受到这个过程的快乐。

第四个是打好产业扶贫的攻坚战。争取让有发展能力的贫困户实现产业的全覆盖。

第五个是打好集体经济的攻坚战。让所有贫困村集体经济的收入达到 4 万元以上。

第六个是打好就业扶贫攻坚战。要培训 4.5 万人，实现 26 万人以上就业，建成就业扶贫车间 150 个。

通过这六个攻坚战，把今年的硬骨头啃下来。

▼ 松德村五社的异地搬迁村民王存杰在新房门口挂起灯笼（2019 年 2 月 4 日摄）

两会声音

周善红：巩固脱贫成果　推动乡村振兴

新华网：

关于"巩固脱贫成果、推动乡村振兴"方面的建议都有哪些内容？

全国人大代表　周善红：

如何巩固脱贫成效，防止返贫，切实振兴乡村经济，缩小城乡差距，这些是需要凝聚社会各界的中坚力量去集中精力努力实现的。

中国贫困人口大多数分布在农村，实施乡村振兴战略就必须在农村打赢脱贫攻坚战。因此我建议：要加强土地整治，对配置不当、利用不合理，以及分散、闲置、未被充分利用的农村居民点用地实施深度开发，提高土地集约利用率和产出率。合理组织土地利用，整合农村土地资源向大户集中，逐步形成规模农业，建设有组织、有计划、有预算、有市场观念的新型农场。

▲ 在江苏省淮安市盱眙县天泉小镇，村民陈笑在管护公共自行车（2018年12月26日摄）

　　同时要约束农业生产各个环节的行为。在生产资料方面，减少化肥、农药、农膜的使用，以绿色有机肥料代替化学用品；在生产方式方面，要构建循环型农业生产体系，逐步实现从有机农业、绿色农业到超循环农业的转变，推广用现代化的手段保护生态环境，不断将先进的科学生产技术应用于农业生产，增强农业抗御各种自然灾害的能力，把社会效益、经济效益和生态效益统一起来。

　　另外，我还建议，农村基层党委和政府相关部门要"筑巢引凤"，营造良好的创业环境为高层次人才扎根乡村提供更多扶持，吸引包括原籍大学生、农学专业人才、在外乡贤等高层次人才到农村施展才华。此外，要通过发挥高层次人才的团队引领作用，鼓励高层次人才领衔组建科研、技术团队，瞄准前沿科技，攻克重大难题；要引导高层次人才通过"传帮带"，培育一批"本土能人"；要支持农民专业合作社、专业技术协会、龙头企业等主体承担培训职能，使农民熟悉农业生产的相关政策和法律知识，提高劳动技能。

两会金句

"脱贫'摘帽'不是终点！"

——全国人大代表、江西省瑞金市委书记　许锐

"我们修了环村公路、旅游步道、畲族广场，吸引了客商来建民宿，还成立了自己的旅游公司。现在，成千上万的游客聚集在我们畲乡，很多在外地打工的年轻人也回来了。"

——全国人大代表、抚州市资溪县乌石镇

新月畲族村党支部第一书记　兰念瑛

"脱贫攻坚，'啃'掉的是硬骨头，获得的是新希望。"

——全国人大代表、河南省辉县市张村乡

裴寨村党支部书记　裴春亮

"攻克贫中之贫、困中之困，为全面打赢脱贫攻坚战奠定坚实基础。"

——全国政协委员、甘肃省治沙研究所

知识产权办公室主任　马全林

▲ 在江西省吉安市万安县潞田镇东村，正在进行脱贫攻坚专项巡察的万安县委第三巡察组
（2018 年 8 月 17 日摄）

▲ 在广西壮族自治区融水苗族自治县安陲乡"十七坡"现场，苗族群众跳芒蒿舞和芦笙踩堂舞
（2019 年 2 月 21 日摄）

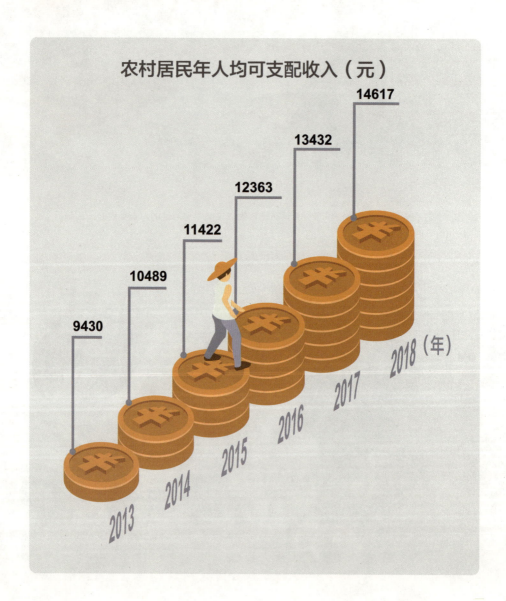

农村居民年人均可支配收入（元）

9430
10489
11422
12363
13432
14617

2013
2014
2015
2016
2017
2018（年）

06

碧水
蓝天

NPC and CPPCC

" 生态保护和污染防治任务仍然繁重。"

——李克强总理作政府工作报告

　　污染防治得到加强，细颗粒物（PM2.5）浓度继续下降，生态文明建设成效显著。

　　今年目标是生态环境进一步改善，单位国内生产总值能耗下降 **3%** 左右，主要污染物排放量继续下降。

　　今年二氧化硫、氮氧化物排放量要下降 **3%**，重点地区细颗粒物（PM2.5）浓度继续下降。

　　今年化学需氧量、氨氮排放量要下降 **2%**。

▲在河北省唐山遵化市一家新型环保民用煤生产企业，工人驾驶机械装运环保民用煤
（2018 年 10 月 29 日摄）

报告原文

全面开展蓝天、碧水、净土保卫战。优化能源和运输结构。稳妥推进北方地区"煤改气""煤改电"。全面建立河长制、湖长制。化肥农药使用量实现双下降。加强生态环保督察执法。积极应对气候变化。

持续推进污染防治。巩固扩大蓝天保卫战成果，今年二氧化硫、氮氧化物排放量要下降3%，重点地区细颗粒物（PM$_{2.5}$）浓度继续下降。持续开展京津冀及周边、长三角、汾渭平原大气污染治理攻坚，加强工业、燃煤、机动车三大污染源治理。做好北方地区清洁取暖工作，确保群众温暖过冬。强化水、土壤污染防治，今年化学需氧量、氨氮排放量要下降2%。加快治理黑臭水体，防治农业面源污染，推进重点流域和近岸海域综合整治。加强固体废弃物和城市垃圾分类处置，促进减量化、资源化、无害化。企业作为污染防治主体，必须依法履行环保责任。改革创新环境治理方式，对企业既依法依规监管，又重视合理诉求、加强帮扶指导，对需要达标整改的给予合理过渡期，避免处置措施简单粗暴、一关了之。企业有内在动力和外部压力，污染防治一定能取得更大成效。

▲ 安徽省合肥市清溪全埋式净水厂投入使用
（2018 年 7 月 16 日摄）

▲ 经净水厂处理后的水流向南淝河
（2018 年 7 月 16 日摄）

▲ 安徽省黄山市歙县新安江山水画廊美景（2019 年 1 月 18 日摄）

贰 解码幸福

NPC and CPPCC
Interpretation for the People

两会解读

陆昊：自然资源部要履行好"两统一"职责

香港经济导报记者：

自然资源部作为新整合的超级大部，以前存在的规划不统一、标准不统一等问题，是否得到了改善？

自然资源部部长　陆昊：

去年中共中央《深化党和国家机构改革方案》明确提出，自然资源部要履行好"统一行使全民所有自然资源资产所有者职责，统一行使所有国土空间用途管制和生态保护修复职责"。去年一年，我们以习近平新时代中国特色社会主义思想为指导，认真学习贯彻习近平生态文明思想，按照党中央、国务院的决策部署，主要从三方面开展工作。

一是推进重构性机构改革。在原国土资源部、海洋局、测绘地信局、地质调查局、林草局等基础上，根据"两统一"职责，将第一个"统一"设计为自然资源调查监测、自然资源确权登记、自然资源所有者权益和自然资源开发利用四个关键环节；将第二个"统一"设计为国土空间规划、国土空间用途管制和国土空间生态修复三个关键环节，设立了一批我们部委历史上没有过的新的司局，履行新的职责任务。

二是打基础、建机制。按照中央深改委的统一部署，我们认真听取各方面意见，深入调查研究，牵头起草了《关于建立国土空间规划体系并监督实施的若干意见》《关于统筹推进自然资源资产产权制度改革的指导意见》《关于建立以国家公园为主体的自然保护地体系指导意见》等，这些意见都已经过中央深改委审议通过，将全面启动实施。同时，我们也启动开展了全国围填海现状调查等基础性工作和第三次全国国土调查等重要工作。

▼ 陕西省榆林市横山区已治理与未治理沙漠的分界公路（2018 年 8 月 4 日摄）

　　三是根据中央要求，解决当前存在的一些突出问题。我们努力把习近平总书记强调的"节约优先、保护优先、自然恢复为主"的方针转化成有效工作机制。比如，严控围填海的问题。20世纪50年代以来，我国滨海湿地丧失的比例是比较大的，党的十八大以来减少明显趋缓，但形势仍然不容乐观。人工岸线比例由1990年的18.3%发展到2017年的55%以上。全国已填未利用的围填海面积1143平方公里，党的十八大之前的占到了68%。所以中央严控围填海是有充分依据的。

　　在这个背景下，我们考虑：

　　第一，除国家重大战略项目外，停止一般性的新增围填海项目审批，因为有存量可以用。

　　第二，要积极稳妥处理历史遗留问题，最大限度地减少围填海对海洋动力系统、海洋生物多样性等带来的影响。再比如，我们注意到，2015年前有1500多万亩批而未供的土地和200多万亩的闲置土地。怎么建立有效工作机制，把中央确定的"严控增量、盘活存量"要求落到实处？我们去年首次减少新增建设用地供应，同时建立盘活存量与新增建设用地挂钩的机制。我们跟地方一起努力，去年实际上盘活土地占到新增建设用地的75%。再比如，对占补平衡问题，我们大样本、随机核查6026块土地，这个情况已经向媒体公布了核查和处理结果。

▲ 浙江湖州的工作人员在吴兴区道场乡红里山村养殖尾水处理功能区生物净化池清理浮萍（2018年8月29日摄）

两会声音

李干杰：污染防治攻坚战开局良好　生态环境质量持续明显改善

中央广播电视总台央视记者：

过去这一年，很多人感受到蓝天、碧水、净土越来越多了，但是环境质量问题有时候有反复的情况，这也在提示我们，污染防治攻坚战也是一场持久战。请问您如何评价过去一年污染防治攻坚战取得的成效？

生态环境部部长　李干杰：

污染防治攻坚战作为党的十九大确定的决胜全面建成小康社会的三大攻坚战之一，开打一年多以来，各地、各部门、社会各界深入贯彻习近平生态文明思想和全国生态环境保护大会精神，按照党中央、国务院的决策部署，扎实推进蓝天、碧水、净土保卫战，总的来说，这场攻坚战开局良好，生态环境质量持续明显改善。

▲ 河北省固安县南王起营村村民在房顶擦拭太阳房集热装备系统的集热部件（2018 年 11 月 9 日摄）

▲ 浙江省杭州市，游客乘坐游船在西溪湿地观光（2019 年 3 月 15 日摄）

▲ 村民在家中操作太阳房集热装备系统控制终端（2018 年 11 月 9 日摄）

　　2018 年全国 338 个地级以上城市的 PM2.5 平均浓度同比下降 9.3%。其中北京市下降了 12.1%。这是在 2017 年同比大幅下降 20.5% 的基础上又下降了 12.1%，应该说还是来得很不容易。水的方面，全国地表水好于 III 类的水体比例同比增长 3.1 个百分点，劣 V 类水体比例下降 1.6 个百分点。总体来讲，生态环境保护领域的各项目标指标都圆满地完成了年度计划，同时也都达到了"十三五"规划的进度要求。

两会金句

"推进绿色发展，我们的决心就是三句话：不利于环境保护的事情一件不做，伤害环境带来的效益一分不要，只要是环保需要的投资一分不少，而且要精准使用。"

——全国人大代表　黄河

▼ 太行山高速公路涞曲段与荣乌高速公路互通工程——雁宿崖枢纽互通立交桥（2018 年 12 月 25 日摄）

▶ 建在石门镇陈涧村的污水处理厂，这里便于收集尾矿库废水，从而在源头保证黄龙河水不再被污染（2018年10月25日摄）

▶ 工作人员正在新建的洛南县黄龙河水质监测站监测水质（2018年10月26日摄）

▲ 严重污染的黄龙河
（2016年5月29日摄）

▲ 治理后的黄龙河两岸风光（2018年10月25日摄）

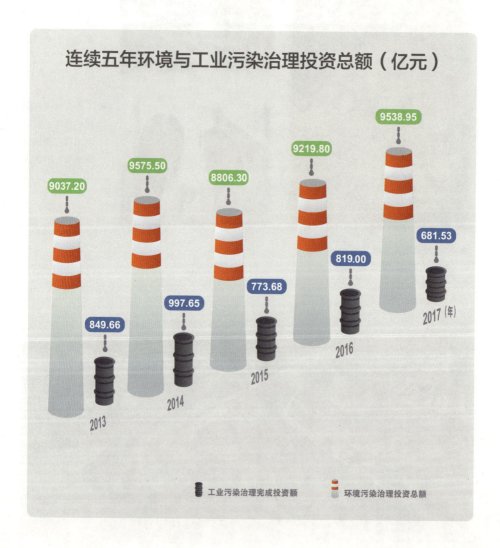

连续五年环境与工业污染治理投资总额（亿元）

9037.20

9575.50

8806.30

9219.80

9538.95

849.66

997.65

773.68

819.00

681.53

2013

2014

2015

2016

2017（年）

工业污染治理完成投资额　　　环境污染治理投资总额

学有所教

NPC and CPPCC

" 我们中华民族几千年生生不息，这 40 年来有
如此巨大变化，教育的确起了巨大支撑作用。"

——李克强总理会见采访全国两会的中外记者并回答记者提问

壹 数说幸福 **NPC and CPPCC**
Interpretation for the People

资助各类学校家庭困难学生近 **1** 亿人次。

国家财政性教育经费占国内生产总值比例继续保持在 **4**%

以上，中央财政教育支出安排超过 **1** 万亿元。

◀ 广西壮族自治区都安瑶族自
治县下坳镇隆麻小学，学生
在课间打篮球（2018 年 11 月
6 日摄）

广西壮族自治区柳州市 ▶
融水苗族自治县中学高
三（6）班的同学们在教
室里备考（2018 年 4 月
12 日摄）

报告原文

　　加大基本养老、基本医疗等保障力度，资助各类学校家庭困难学生近 1 亿人次。

　　开展贫困地区控辍保学专项行动、明显降低辍学率，继续增加重点高校专项招收农村和贫困地区学生人数，用好教育这个阻断贫困代际传递的治本之策。

　　发展更加公平更有质量的教育。深化教育教学改革。推进城乡义务教育一体化发展，加快改善乡村学校办学条件，加强乡村教师队伍建设，抓紧解决城镇学校"大班额"问题，保障进城务工人员随迁子女教育，发展"互联网＋教育"，促进优质资源共享。多渠道扩大学前教育供给，无论是公办还是民办幼儿园，只要符合安全标准、收费合理、家长放心，政府都要支持。推进高中阶段教育普及，办好民族教育、特殊教育、继续教育，依法支持民办教育发展。持续抓好义务教育教师工资待遇落实。推进一流大学和一流学科建设，支持中西部建设有特色、高水平大学。今年财力虽然很紧张，国家财政性教育经费占国内生产总值比例继续保持在 4% 以上，中央财政教育支出安排超过 1 万亿元。我们要切实把宝贵的资金用好，努力办好人民满意的教育，托起明天的希望。

贰 **解码**幸福

NPC and CPPCC
Interpretation for the People

两会解读

田刚：教师是立教之本　兴教之源

民盟中央代表　田刚：

为更好地加强教师队伍建设，建议一是要深化教师队伍管理体制改革，如加大编制管理改革力度，盘活事业编制总量，完善教师资格考试政策，健全教师准入制度，推动城镇优秀教师、校长向乡村学校、薄弱学校流动。

▼ 周火生老人（前右）与金寨县希望小学的孩子们在一起交谈（2018 年 5 月 19 日摄）

▲ 已在贵州省毕节市花溪彝族苗族乡教书 34 个年头的杨朝俊老师，正在给学生上语文课
（2018 年 9 月 5 日摄）

二是要提高教师待遇和社会地位。包括健全中小学教师工资长效联动机制，建议调整教龄津贴发放办法和标准，完善教师收入分配激励机制。完善教师国家荣誉表彰体系，提升表彰层级，赋予教师职业更多荣誉感等。

三是要建设国家级师范教育基地。应尽快聚力建设一批国家级师范教育基地，加大一流师范院校和师范专业建设力度，增强高校举办师范教育的动力，进一步提高教师培养质量。

四是要加强乡村教师队伍建设。建议扩大特岗计划的实施规模，吸引更多优秀高校毕业生到乡村学校任教。逐步提高乡村教师生活补助标准，重点对深度贫困地区倾斜支持，加大综合奖补力度，提高中央综合奖补的最高标准，扩大中央综合奖补的覆盖范围，充分发挥生活补助政策对教师资源均衡配置的杠杆作用。

两会声音

孔庆菊：尊重教育教学实际　为教师营造潜心育人环境

全国人大代表　孔庆菊：

　　正常教育教学工作已让教师"满负荷"，还要参加地区或学校组织的大量的比赛、研讨会，应对上级部门各类检查、评比和考核。在这一过程中，教师甚至迫于无奈弄虚作假。教师队伍建设是提高教学质量、提升教育内涵的前提，是促进教育健康发展的关键。教育教学工作具有创造性，教师只有静心潜心、刻苦钻研，才能在专业水平上不断提升，获得教育教学的预期效果。

▲ 在广西壮族自治区三江侗族自治县洋溪乡中学，15 岁的秦保军在教室里上课（2018 年 5 月 30 日摄）

▲ 秦保军在吊脚楼教室里吃爱心人士送来的节日蛋糕（2014 年 6 月 10 日摄）

▲ 在广西壮族自治区三江侗族自治县洋溪乡中学，15岁的秦仁金在图书馆里看书
（2018年5月30日摄）

应在现有基础上，减少检查、评比和考核项目，杜绝弄虚作假的歪风邪气，切实为教师"减负"，提高教育教学质量。

▲ 在甘肃省听力语言康复中心，90后残疾康复教师张甲汝教戴人工
耳蜗的孩子们绘画（2018年5月30日摄）

两会金句

　　"不是不要负担，不要的是过重的课业负担。我不敢想象，没有负担，中国教育将会怎样，全是负担，中国教育将会怎样。教育本来就是一个负重前行的事业，我们现在进行的就是减轻过重课业负担。"

——教育部部长　陈宝生

▲孩子们在寨全教学点的吊脚楼教室上留影（2014 年 5 月 26 日摄）

▲ 在广西壮族自治区三江侗族自治县安马村寨全屯，驻村工作队员唐莉越入户给
10 岁的彭桂花（左）辅导功课（2018 年 5 月 31 日摄）

▼ 即将入学的彭桂花在寨全教学点的吊脚楼教室外张望（2014 年 6 月 10 日摄）

叁 "图"个明白

NPC and CPPCC
Interpretation for the People

近十年普通小学在校学生数（万人）

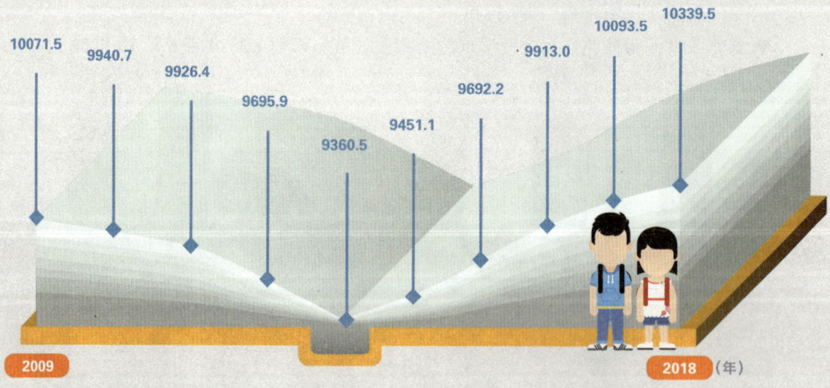

10071.5
9940.7
9926.4
9695.9
9360.5
9451.1
9692.2
9913.0
10093.5
10339.5

2009

2018 （年）

◆ 普通小学在校学生数

08

美丽乡村

NPC and CPPCC

> 坚持农业农村优先发展，加强脱贫攻坚与乡村振兴统筹衔接，确保如期实现脱贫攻坚目标、农民生活达到全面小康水平。

——李克强总理作政府工作报告

壹 数说幸福 NPC and CPPCC
Interpretation for the People

棚户区住房改造 **620** 多万套，农村危房改造 **190** 万户。近 **1400** 万农业转移人口在城镇落户。

新增高速铁路运营里程 **4100** 公里，新建改建高速公路 **6000** 多公里、农村公路 **30** 多万公里。

今明两年的目标是提高 **6000** 万农村人口供水保障水平。

▼陕西汉中，无人机拍摄的洋县李家村移民搬迁集中安置点（2019 年 3 月 12 日摄）

报告原文

　　棚户区住房改造 620 多万套，农村危房改造 190 万户。城乡居民生活水平又有新提高。

　　新型城镇化扎实推进，近 1400 万农业转移人口在城镇落户。

　　加大对革命老区、民族地区、边疆地区、贫困地区改革发展支持力度。新增高速铁路运营里程 4100 公里，新建改建高速公路 6000 多公里、农村公路 30 多万公里。城乡区域发展协调性持续增强。

　　扎实推进乡村建设。科学编制和实施建设规划，大力改善生产生活条件。加快实施农村饮水安全巩固提升工程，今明两年要解决好饮水困难人口的饮水安全问题，提高 6000 万农村人口供水保障水平。完成新一轮农村电网升级改造。新建改建农村公路 20 万公里。继续推进农村危房改造。因地制宜开展农村人居环境整治，推进"厕所革命"、垃圾污水治理，建设美丽乡村。

贰 解码幸福

NPC and CPPCC
Interpretation for the People

两会解读

鄂竟平：不管有多难，一定要让农民兄弟姐妹喝上放心水

农民日报记者：

李克强总理在作政府工作报告时提出，今明两年要解决好饮水困难人口的饮水安全问题，提高 6000 万农村人口供水保障水平。请问，水利部将采取哪些措施使 6000 万农村人口尽快告别饮水难？

水利部部长　鄂竟平：

经过几十年的努力，我们国家已经建立起比较完整的农村供水体系，这个体系可以服务 9.4 亿农村人口，自来水普及率已经达到 81%，基本上实现了农村全覆盖，成就显著。但是随着经济社会的发展，这几年不断冒出了一些新的问题。比如说现在正在运行的农村供水工程，有相当一部分是二十几年前修建的，标准低并且老化，供水保证率不断降低。再比如，随着经济社会的快速发展，各方面用水都在增加。

因此，农村供水水源地的来水在不断减少，供水保障率也在下降。同时还有水污染的问题，水污染的问题这几年越来越多。此外，还有一些社会问题，比如现在大量的农民工进城，造成一些农村供水工程设施设备闲置。农村供水工程的供水能力刚才我说是9.4亿人，实际现在在农村常住的还不到6亿人，这就导致水费不能足额收缴，影响工程的正常运行维护。但是这些闲置工程又不能废弃，因为大家知道，过年过节时，我们的农民兄弟还要回家，这是一个"两难"选择。诸如此类问题确实还不少，有些问题解决起来还是比较难的，因此，我们水利部有压力。

我们理解，农村饮水安全就是广大农民对美好生活的向往，农民如果喝不上足量合格的水，那就不是小康。因此，今后水利部只能是全心全意、竭尽全力地去破解这些问题，不能有什么其他别的选择。今年我们要重点做这么四件事。

第一，按照国务院部署，中央和地方财政都出钱，并且吸引社会资本，抓紧提升改造现有又老又旧的供水工程设施，以提高农村供水工程的保证率和水源地的供水保证率。这件事我们已经连续干了三年，中央和地方财政已经投入了1200亿，今年继续，中央财政还要加大投入。

▼ 甘肃省平凉市庄浪县柳梁镇孟山村村民在自家门口用自来水管取水（2018年12月21日摄）

▲ 江苏省无锡市，小学生们在世界水日当天来到仙蠡桥水利枢纽工程参观（2019 年 3 月 22 日摄）

第二，水利部联合生态环境部，对农村水源地开展整治和保护。水利部已经提出了第一批整治保护名单，一共 12000 处农村水源地。

第三，强化工程的运行管理，要健全管理机构，规范管理制度，落实运行经费，这一点是非常重要的。要保证农村供水工程良性运行。

第四，要压实责任制。按照省区负总责、市县抓落实的基本原则，压实地方政府的主体责任、水利部门的监督责任和运行管理单位的管护责任。为了压实这个责任，今年水利部要开展大规模暗访，至少要暗访 3000 个村庄。同时开通举报通道，以实现强力监管和问责。

两会声音

吴惠芳：绘就一幅中国农村现代画　永联续写乡村振兴答卷

新华网：

从提出新农村建设"六个化"标准，到提出美丽乡村建设"四个美"标准，您先后提出的这两个永联村建设标准分别源于当时什么样的社情民意？这其中是否也体现了我国不同时期新农村建设重点的变化？

全国人大代表　吴惠芳：

2005 年，中央发出建设新农村的号召，我敏锐地意识到国家正在为农村发展规划新蓝图。我们永联地处苏南地区的农村，有着我们自身的特点，在农村队伍当中是走在前列的。如何建设新农村，我们觉得要确立更高的目标和标准，因此我们提出了建设社会主义新永联的奋斗目标。

当时，我结合永联村实际，提出了新农村建设"六个化"标准，即居住方式城镇化、生产方式产业化、就业方式多元化、生活方式市民化、管理方式规范化、收入方式多样化，全面推进永联新农村建设。对标农村基本现代化高标准建设，2013 年，我们的发展目标又升华为"产业美、生活美、生态美、素质美"的"四个美"标准，致力于建设美丽乡村。

　　从"六个化"到"四个美"标准，其实这与国家的战略大局是同频共振、遥相呼应的。国家指出要在 2035 年实现农村基本现代化，我们又一次响应号召，提出了高标准严要求，就是要树立乡村振兴的标杆典范，争取提前 10 年，在 2025 年实现农村基本现代化。

▼ 江苏张家港市永联村村貌（2013 年 3 月 21 日摄）

新华网：

永联村已成为中国农村城镇化的鲜活案例，永联村在城镇化建设的过程中，遇到过哪些难题，如何解决的？

全国人大代表　吴惠芳：

近年来，永联村遵循"以工业化发展牵引带动城镇化建设"的方针实现村民共同富裕。在这个不断发展的过程中，我们也遇到了困扰、困难与困境，首先体现在管理上。曾经，永联也出现过红绿灯当摆设、路边摊贩招摇过市、食品安全无法保证等问题。为此，我们积极争取政府公共管理和公共服务下沉，上级政府在永联派驻了公安、城管、卫生、交通等执法部门，村里享受到了公共管理和服务的均等化。

▲ 工作人员在吴介巷美丽乡村监控室值班

　　另外，我们农民入驻永联小镇后，永联村将农民手中的土地统一流转到村经济合作社，实现市场化、集约化、规模化经营管理。那么，我们的农民从土地上彻底解放出来以后，他们到底干什么？因此，如何解决这些劳动力的就业问题，就是我们党委应当思考和解决的问题。为了实现就地城镇化，我们建设农民创业园，成立劳务公司，发展乡村旅游和街区商业等，保证农民充分就业，让他们个个有工作，在共建共享、共同富裕中共享这片土地上的发展成果。

　　与此同时，在精神文明建设上，我们还设立了"文明家庭奖"，考核村民的职业道德、文明品德。今年，我们创新以积分量化文明元素的方式，颁发金质、银质家庭奖牌，表扬先进、鞭笞落后，发挥了巨大的引人向上向善的力量。

▼ 吉林省吉林市孤店子镇的神农温泉小镇全景（2017 年 10 月 8 日摄）

▲ 在吉林省吉林市孤店子镇举行的 2018—2019 年度中国冰上龙舟公开赛系列赛上，参赛选手进行冰
上龙舟比赛（2018 年 2 月 10 日摄）

现在我们永联老百姓，应该说慢慢地适应了城镇化的生活环境、城镇化的生活方式，享受着快乐、健康、幸福的城镇化生活。

农业强不强、农村美不美、农民富不富，决定着全面小康社会的成色和社会主义现代化的质量。不久的未来，我们将把永联建设成产业兴旺、生态宜居、乡风文明、治理有效、生活富裕的农村，努力在乡村振兴道路上率先实现农村基本现代化。

两会金句

"厕所革命，其实是一面镜子，照出了干部是否真心实意、是否有能力有态度为老百姓办好事、办实事、办成事。"

——全国政协委员、农业农村部副部长　余欣荣

▲ 州省织金县，黑土镇八甲小学的学生们在厕所门口的洗手池洗手（2018 年 10 月 23 日摄）

"今年监督工作的重中之重，是开展水污染防治法执法检查，就是依法助力打好碧水保卫战。"

——全国人大环境与资源保护委员会副主任委员　窦树华

▼ 福建省莆田市，绥溪公园的树林、老民居与周围的新城区建筑相映成趣（2018 年 10 月 25 日摄）

叁 "图"个明白 NPC and CPPCC
Interpretation for the People

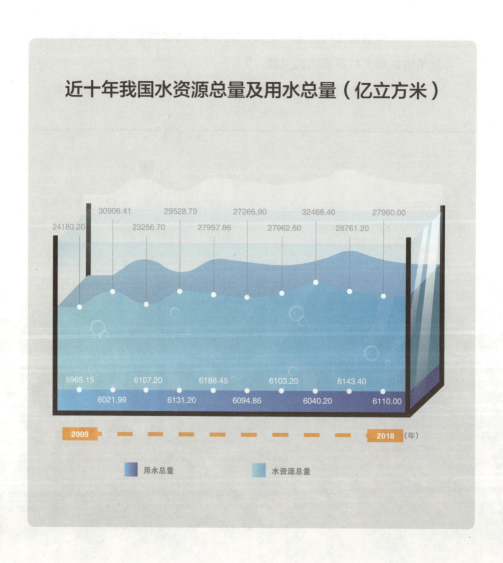

近十年我国水资源总量及用水总量（亿立方米）

09

减税降费

NPC and CPPCC

> 现在可以说是真金白银已经备好了，有关部门和各级政府都要去落实，决不能让政策打白条，更不允许变换花样乱收费来冲击减税降费的成效，还是要让企业、让市场主体切实感受到更大规模减税降费的实实在在效果。

——李克强总理会见采访全国两会的中外记者并回答提问

壹 数说幸福 NPC and CPPCC
Interpretation for the People

全年为企业和个人减税降费约 **1.3** 万亿元。

全年减轻企业税收和社保缴费负担近 **2** 万亿元。

▼ 纳税人在河北省邢台市智慧云自助办税厅办理税务业务（2018 年 4 月 16 日摄）

报告原文

　　坚持实施积极的财政政策，着力减税降费、补短板调结构。下调增值税税率，扩大享受税收优惠小微企业范围，出台鼓励研发创新等税收政策。全年为企业和个人减税降费约 1.3 万亿元。

　　确保减税降费落实到位。减税降费直击当前市场主体的痛点和难点，是既公平又有效率的政策。全年减轻企业税收和社保缴费负担近 2 万亿元。这会给各级财政带来很大压力。为支持企业减负，各级政府要过紧日子，想方设法筹集资金。中央财政要开源节流，增加特定国有金融机构和央企上缴利润，一般性支出压减 5% 以上、"三公"经费再压减 3% 左右，长期沉淀资金一律收回。地方政府也要主动挖潜，大力优化支出结构，多渠道盘活各类资金和资产。我们要切实让市场主体特别是小微企业有明显减税降费感受，坚决兑现对企业和社会的承诺，困难再多也一定要把这件大事办成办好。

国家税务总局泉州市税务局 ▶
丰泽街办税服务厅工作人员
为纳税人办理业务（2018 年
9 月 13 日摄）

贰 解码幸福 NPC and CPPCC
Interpretation for the People

两会解读

刘尚希：减税力度超预期　落实需加大服务业抵扣力度

新华网：

当前，国内、国外环境错综复杂，实施积极财政政策尤为关键。今年的政府工作报告提出了大规模的减税降费举措，是在去年的基础上更进一步，我们应该如何理解？怎样把政策落实下来，把经济活力提上来？

全国政协委员、中国财政科学研究院院长　刘尚希：

积极财政政策是加力提效，减税降费的力度进一步加大，主要是形势发生了变化。今年的形势更为严峻、更为复杂，面临更多的不确定性。

当前，国际形势发生重大变化，转型升级过程中的阵痛也在强化，面对的风险挑战越来越多。在这种非常严峻复杂的形势下，积极财政政策就要加大力度。

加力提效体现在减税降费的力度要加大，这次力度超乎大家的预期，普遍反映没想到。增值税基本税率下降 3 个点，原来以为降 1 到 2 个点，从 16% 降到 13%，这个力度之大可以说是前所未有。所以，减税加上降费，加在一起，预期减轻负担达到 2 万亿。

▼ 海关关员在为中国（重庆）自由贸易试验区的企业办理重庆首票关税保证保险通关手续
（2018 年 11 月 1 日摄）

政策制定以后关键是怎么落实。在落实的过程中，其实有很多复杂程序，也有大量的工作要做。

比如，减税不是简单的调税率。增值税是三档税率，增值税的上缴是销项和进项的差额，各个行业之间相互关联。

基本税率从 16% 降到 13%，主要是针对制造业等实体经济领域。服务业适用的是 6% 的税率。这样一来，对服务业有什么影响呢？可能很多人没考虑这个问题。它的影响是，如果没有相应的配套措施，它的税收就会上升。

▼ 在重庆保税商品展示交易中心，消费者们在选购进口商品（2019 年 1 月 18 日摄）

比如，服务业原来购买的货物能够抵扣 16%，现在只能抵扣 13%。少了 3 个点，在其他条件不变的情况下，意味着要多缴 3 个点的税。在这个情况下，税负就会上升。要实现主要行业税负大幅度下降，保证所有行业的税负只降不增，相关的抵扣政策，尤其是服务业，就要做出明确的规定。加大抵扣的力度，才能使服务业在现有税率不变、在制造业等行业税率调整的情况下，税负不会上升。

▼ 国家税务总局杭州市富阳区税务局工作人员（左）在富阳区行政服务中心减税降费咨询专窗为纳税人办理业务（2019 年 4 月 1 日摄）

两会解读

王军：工薪阶层的减税面是百分之百

中国证券报记者：

在去年的"部长通道"上，您就国税地税合并提出了"事合、人合、力合、心合"的目标。一年过去了，请问完成情况怎么样？请您介绍一下个税改革的最新进展情况。

国家税务总局局长 王军：

国税地税征管体制改革，困难比预想的要大，成效比预想的要好。"事合、人合"，我们做到了，也做好了。"力合、心合"，我们做到了，正朝着更加融合的方向努力和发展。这体现在，在机构改革的过程当中，我们撤销了 3.4 万个一级和内设机构。但是，我们的省局、市局、县局、乡镇分局（税务所），都如期、整齐划一、平平稳稳地挂了牌，进行了"三定"。这还充分体现在，在税务机构改革过程当中，我们有 22255 名干部由正职转为副职，但是他们无怨无悔，同所有税务人一起，奉献攻坚，不仅确保了机构改革中各项工作带电作业的平稳运行，稳中有进，而且经受住了接踵而来的第一步个税改革、第二步个税改革、小微企业减税等多轮"高压测试"，展现了我们税务铁军风采。

▼ 国家税务总局杭州市富阳区税务局办税服务厅的工作人员（右）在为办税人办理业务（2018 年 7 月 25 日摄）

关于个税改革，我扼要向大家报告两组数据。

第一组数据是说明这次改革减税力度大的。去年 10 月到今年 1 月，4 个月共减税近 2000 亿元。改革前的个税收入去年 1—9 月份同比增长 20%。改革后的个税收入 4 个月同比减少 14.2%。今年 1 月，第二步个税改革落地以后，单月的同比减负是 23.5%。

第二组数据是反映个税改革减税面广的。这次个人所得税的第一、第二步改革，使所有工薪阶层纳税人不同程度地减了税，也就是说，工薪阶层的减税面是百分之百。其中，有 8000 万人减了百分之百的税，也就是说他们不用再缴个税了，还有 6500 万人的减税幅度在 70% 以上。

▼ 全国政协十三届二次会议在北京人民大会堂举行第二次全体会议，蓝逢辉委员作大会发言（2019 年 3 月 9 日摄）

两会声音

蓝逢辉：完善减税降费措施助推高质量发展

全国政协委员　蓝逢辉：

　　中共十八大以来，经济体制改革全面深化，财税体制改革围绕减税降费持续展开，力度之大前所未有。减税降费改善了收入分配格局，完善了税制结构，减轻了企业负担，提振了企业信心，激发了市场活力。

　　部分企业的获得感、实惠感仍不高，究其原因，一是中小企业专业人才缺乏，能力不足，为适应改革、规范财务付出的成本高；二是企业生产经营成本近年持续上升，材料、水电油气、人工、土地、房租等成本不断上涨；三是社保负担重，名义费率高给企业带来压力；四是经济下行压力加大，融资难融资贵、制度性成本高等问题未能有效解决，减税降费配套政策不够同步。

　　为此，我建议，降低社保费应以"企业能发展、个人能承受"为原则，解决名义费率与实际费率差距大的问题。清理规范政府涉企收费项目，降低制度性成本。深化财税体制改革，重点是深化增值税改革，提高直接税比重，简化税务申报，完善现有减税政策。厘清政府、社会、市场职能，发挥社会组织作用，培育支持税务师等涉税专业服务力量。完善减税降费配套政策，如贫困地区财政转移支付、中央与地方财政分成比例，健全地方税体系等。

▲ 在福州市鼓楼区地税局办税服务厅工作人员在国地税联合办税窗口为纳税人办理涉税业务（2018 年 4 月 10 日摄）

▲ 在河北省海兴县沿海的海丰村税务工作人员为渔民介绍涉税注意事项（2018 年 5 月 9 日摄）

两会金句

"这是一份来自春天的大礼，只有这些减税降费措施真正落地了，才能真正在企业发展上产生效力。"

——全国人大代表　王填

▼ 在河北省廊坊市广阳区税务大厅减税降费政策咨询台，导税员向企业办事人员讲解减税降费政策（2019 年 3 月 24 日摄）

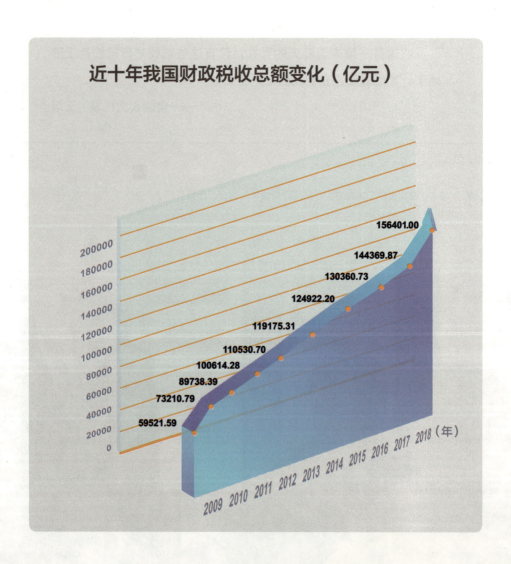

近十年我国财政税收总额变化（亿元）

10

天下粮仓

NPC and CPPCC

> " 近 14 亿中国人的饭碗，必须牢牢端在自己手上。"

——李克强总理作政府工作报告

壹 **数**说幸福 **NPC and CPPCC**
Interpretation for the People

粮食总产量保持在 **1.3** 万亿斤以上。

要稳定粮食产量，优化品种结构。加强农田水利建设，新增高标准农田 **8000** 万亩以上。

▼ 山东省临沂市郯城县田间清晨（2018 年 9 月 27 日摄）

报告原文

　　统筹城乡区域发展，良性互动格局加快形成。乡村振兴战略有力实施，粮食总产量保持在 1.3 万亿斤以上。

　　抓好农业特别是粮食生产。近 14 亿中国人的饭碗，必须牢牢端在自己手上。要稳定粮食产量，优化品种结构。加强农田水利建设，新增高标准农田 8000 万亩以上。加快农业科技改革创新，大力发展现代种业，加强先进实用技术推广，实施地理标志农产品保护工程，推进农业全程机械化。

▲ 在江苏省兴化市国家粮食生产功能区，工作人员操控无人驾驶联合收获机进行收割作业（2018 年 10 月 29 日摄）

贰 解码幸福 NPC and CPPCC
Interpretation for the People

两会解读

> 韩长赋：今年中央支持粮食生产的政策将一以贯之

农业农村部部长　韩长赋：

去年我国粮食产量有所下降，但下降得不多，比 2017 年减少了 74 亿斤，相对总产量大约占 0.6%。主要是推进农业供给侧结构性改革、主动调减的结果。比如对"镰刀弯"地区的玉米做了"减法"，增加了大豆、马铃薯、优质饲草等生产，实际上有效供给是增加的。我国粮食产量连续 4 年稳定在 1.3 万亿斤以上，没有出现大起大落。

今年政府工作报告提出要稳定粮食产量，我理解就是要防止出现经济下行和物价上涨"双碰头"。今年粮食生产要做到稳产量、稳面积、稳政策。

从中长期来说，保障国家粮食安全要实施藏粮于地、藏粮于技战略，划好建好粮食生产功能区和重要农产品生产保护区，政策上保护好农民种粮积极性和地方政府抓粮积极性。

两会声音

于旭波：实施农产品全过程质量安全管理　从源头保障食品安全

新华网：

今年您提交了关于《农产品质量安全法》修订的议案。您为什么特别强调农产品质量安全？为什么要修订《农产品质量安全法》？

全国人大代表　于旭波：

农产品的质量安全非常重要，食品安全问题的源头往往是农产品。我认为现阶段食品安全工作的关键是加强食品上游源头风险的管控，尤其是要想办法解决农产品的质量安全问题。

▲ 黑龙江垦区五大连池农场集中机械力量全力抢收大豆（2018 年 9 月 27 日摄）

在上会之前我做了很多调研，现在食品安全在整个下游的生产、销售等环节，都得到了很好的规范和完善。但是上游还有很多突出的问题需要改善，这些问题主要表现在土壤重金属污染、农药兽药残留等方面，直接造成农产品源头的安全风险。

要真正解决老百姓舌尖上的安全问题，我觉得要从源头开始，实施农产品全过程质量安全管理。区分质量问题与安全问题，强化主体责任与监管责任，一方面加强生产经营者主体的违法责任追究，加大对违法者的处罚力度，引入惩罚性赔偿制度和行业禁入责任制度；另一方面，强化监管部门的职责，促进执法合理化水平提升。

▼ 江西省靖安县仁首镇石下村农民驾驶农机收割中稻（2018 年 8 月 22 日摄）

新华网：

在服务乡村振兴、保障粮食安全等方面，中粮采取了哪些措施来保障农产品源头安全？又有哪些优秀做法值得推广？

全国人大代表　于旭波：

国家粮食安全涉及 13 亿多人口的吃饭问题。保证粮食的数量和质量，通过供给侧结构性改革，把粮食安全和现在高效农业结合起来，通过打造供应链、延长产业链、提升价值链，让农业在质量效益和竞争力方面有一个切实的提升。

结合中粮所在的行业来看，服务粮食安全是中粮集团最大的政治任务。中粮集团非常明确，我们要坚持为国谋粮的政治担当，在经营中突出核心主业——粮油糖棉，核心战略——坚决服务好国家粮食安全。在此基础上，确保我们的资源能够聚焦主要的品种，中粮集团必须要做到控股、主导，肉类、奶类业务中粮集团也要发挥应有的影响力。我们还要加大物流设施建设，确保有足够的市场份额和足够的影响力，也确保能够有很好的物流设施，国家需要的时候调得动、用得上。

◀ 山东省临沂市郯城县郯城街道归义四村种粮大户孙宗侠在收获水稻（2018 年 10 月 21 日摄）

　　此外，我们积极响应中央农业"走出去"的号召。中粮集团从 2014 年开始就并购了海外的企业，现在在海外的布局已经达到了 50 多个国家和地区。下一步，随着改革开放的步伐，我们还在肉蛋奶方面，特别是肉食要加大开放的步伐。去年"进博会"顺利召开，国家利用国际资源服务我国的粮食安全会有更大力度，所以中粮集团已经提前走出去了。我们有很好的基础，下一步要把企业战略更好地融入国家战略，承担好服务粮食安全这个重要任务。

▼ 江西南昌的农机专业户驾驶收割机协助当地农户收割中稻（2018 年 9 月 20 日摄）

两会金句

"要发展绿色农业，必须推进现代农业；推进现代农业，必须依靠科技支撑。"

——全国人大代表　林印孙

▲ 吉林省榆树市五棵树镇进步村进步种植专业合作社的农民在挑拣准备入仓的玉米（2018 年 10 月 30 日摄）

◀ 吉林省舒兰市平安镇，种粮大户李学明在稻田间观察水稻长势（2018 年 9 月 18 日摄）

NPC and CPPCC
Interpretation for the People

近十年粮食产量变化（万吨）

53940.86

55911.31

58849.33

61222.62

63048.20

63963.83

66060.27

66043.52

66160.72

65789.00

2009 2010 2011 2012 2013 2014 2015 2016 2017 2018（年）

11

尊老
爱幼

NPC and CPPCC

> " 老年人能安度晚年，孩子们有幸福的童年，那就有千家万户幸福愉悦的家庭，也可以让青年人或者中青年人有更多的精力去就业创业。"

——李克强总理会见采访全国两会的中外记者并回答提问

壹 数说幸福

城乡居民基础养老金最低标准从每月 **70** 元提高到 **88** 元。

▼ 志愿者给老人们的宿舍贴上喜庆的"福"字，迎接新春（2019 年 1 月 26 日摄）

报告原文

　　坚持在发展中保障和改善民生，改革发展成果更多更公平惠及人民群众。建立企业职工基本养老保险基金中央调剂制度，提高退休人员基本养老金，城乡居民基础养老金最低标准从每月 70 元提高到 88 元。

　　我国 60 岁以上人口已达 2.5 亿。要大力发展养老特别是社区养老服务业，对在社区提供日间照料、康复护理、助餐助行等服务的机构给予税费减免、资金支持、水电气热价格优惠等扶持，新建居住区应配套建设社区养老服务设施，加强农村养老服务设施建设，改革完善医养结合政策，扩大长期护理保险制度试点，让老年人拥有幸福的晚年，后来人就有可期的未来。婴幼儿照护事关千家万户。要针对实施全面两孩政策后的新情况，加快发展多种形式的婴幼儿照护服务，支持社会力量兴办托育服务机构，加强儿童安全保障。

河北省秦皇岛市社区居民展示 ▶
包好的饺子（2019 年 1 月 22 日摄）

贰 解码幸福 NPC and CPPCC
Interpretation for the People

两会解读

张纪南：我们有能力确保养老金按时足额发放

大众网海报新闻记者：

今年政府工作报告中提到了若干条有关降低社保费率的举措，这是给企业减负，受到企业普遍欢迎。但是我们也听到一些担忧，就是担心这些举措会不会影响社保基金的持续运行？

人力资源和社会保障部部长　张纪南：

这个问题提得很有针对性，社会关注度也很高。这次中央采取降费率的举措，尤其是养老保险单位缴费费率可以降到 16%，最多的省份可以降 4 个百分点，力度是比较大的。我认为，这些综合降费举措主要目的是减轻企业负担、增加企业活力，推动经济的发展。

　　大家知道，发展是硬道理，是解决一切问题的根源。一方面，从现实来看，由于一些历史原因，我们国家的社保名义费率是偏高的，有一定降费空间。另一方面，从长远来看，降低费率以后，企业有了活力，可以不断扩大再生产，扩大就业，而且门槛降低了，就业的人就会越来越多，参加社保的人也会越来越多，社保基金的"蛋糕"就会越做越大，形成良性循环，必然进一步增强社保制度的可持续性。

▼ 河北省安平县爱心志愿者与老人们一起包饺子（2018 年 2 月 19 日摄）

▲ 福建省南平市武夷山社会福利中心的老人吃晚餐（2018 年 11 月 1 日摄）

▲ 河北省安平县，一名志愿者为老人端上腊八粥（2019 年 1 月 13 日摄）

我想介绍三个方面的情况，供大家比较判断。

第一，当期收大于支。经过反复测算，降费率以后，总体上仍能够保证基金收大于支。

第二，累计有结余。按照最新数据，目前我国企业养老保险基金累计结余 4.78 万亿元，有比较强的保障能力。

第三，战略有储备。全国社保基金已经有 2 万亿元左右的战略储备，今后还会继续加大划转部分国有资本充实社保基金的力度。同时，还将综合采取一系列措施，实现社保基金可持续。

综合以上情况，我们能够保证养老金的按时足额发放，请大家放心。

两会声音

高小玫：实现幼有所育关系国家未来

全国政协委员　高小玫：

国家发展改革委等 18 个部门联合发文，切实加大了对包括育幼在内的非基本公共服务补短板力度。但育幼领域仍存在没有明确责任部门、无法定支出预算、缺乏优惠政策支持、标准体系不健全、服务监管不规范的问题。0 至 3 岁婴幼儿养育支持是当下备受关注的民生短板，应加快将育幼纳入公共服务支持体系，加快建设托育公共服务体系。

▼ 在山东省枣庄市一家婴幼儿理发店，理发师为一名小朋友"剃龙头"（2019 年 3 月 8 日摄）

第一，托育服务以护育、营养、安全为要。可借鉴国外设有专门的家庭事务部、儿童福利局，加快研究建立我国育幼专职管理机构，逐步实现儿童福利部门专管。

第二，构建社会托育服务体系。要强调政府支持引导，社会力量参与，增加优质普惠托育服务供给，鼓励公助民办、企业自办、社区托育、邻里帮托等各类机构，为育儿家庭提供不同档次的服务，满足早送、晚托、临时托育等多样化的需求。

第三，以人民为中心的托育服务，要求基本、普惠、公平、规范。要加强托育服务师资培养，强化规范、强化监管。公共政策、资源、财力的支持和分配应平等对待各类托育机构，符合要求即可获得如场地、政策补贴等支持，让社会机构各展所长，营造健康的托育服务生态。

▲ 全国政协十三届二次会议在北京人民大会堂举行第三次全体会议，陈百灵委员作大会发言（2019 年 3 月 10 日摄）

▲ 陕西省宁陕县，婴幼儿早期发展引导员（养育师）应聘者在招聘开班宣讲会上听讲（2018 年 4 月 11 日摄）

陈百灵：落实老有所养共享美好生活

全国政协委员　陈百灵：

中共十八大以来，中共中央、国务院把推进养老事业发展摆上重要位置，全国养老服务体系、产业规模、发展环境、服务市场、服务质量都有了显著提升。但中国老龄化发展迅速，养老服务供需矛盾将进一步显现。应针对不同养老需求，靶向服务，重点解决好以照护为主的基本养老服务。

建议一是推进居家养老服务专业化。整合家庭照护支持政策，通过适老化改造、上门服务、家庭病床，让居家养老得到专业服务。同时加快建立长期护理保险制度，减轻老年人的经济负担。

二是推进社区养老服务便利化。发展城乡社区养老服务中心，提供日间或短期照护服务、配餐陪伴、应急救助、文化娱乐等，让社区支撑家庭养老，以低投入解决 90% 以上老年人的养老问题。

三是推进机构养老服务标准化。注重医养结合，建立养老机构服务质量和评价标准体系，养老机构向品牌化、专门化发展，满足不同群体特别是高龄、独居、失能、失智老年人的需求。

四是推进服务队伍职业化。加强职业资格认证和业务技能培训，实行分层分类管理。同时积极探索机器人等智能照护，提升科技支撑养老能力。

两会金句

"城镇职工不敢生育第二个孩子，一个重要原因是'孩子入托难，生了没人管'。"

——全国政协委员　刘晓庄

"要大力促进生育政策和相关经济社会政策配套衔接。婴幼儿照护事关千家万户。要针对'全面两孩'实施后的新情况，加快发展多种形式的婴幼儿照护服务，支持社会力量兴办托育服务机构，加强儿童安全保障。"

——全国政协人口资源环境委员会副主任　王培安

▲ 在南京市小西湖幼儿园，该幼儿园建园以来第一位男教师郭心旺在准备上课用的
材料（2018 年 9 月 4 日摄）

▲ 河北省安平县，幼儿园老师在教小朋友们唱儿歌（2019 年 3 月 20 日摄）

叁 "图"个明白 NPC and CPPCC
Interpretation for the People

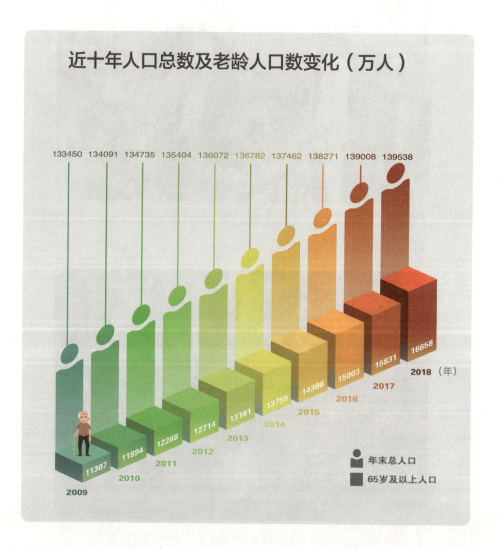

近十年人口总数及老龄人口数变化（万人）

12

医有所保

NPC and CPPCC

> 我们的医保虽然覆盖全民，但是水平不高，尤其是农民人均年收入不到 1.5 万元，遇到大病靠自己扛是很难的。所以政府和社会要共同出力，缓解这个民生之痛。没有健康就没有幸福。

——李克强总理会见采访全国两会的中外记者并回答提问

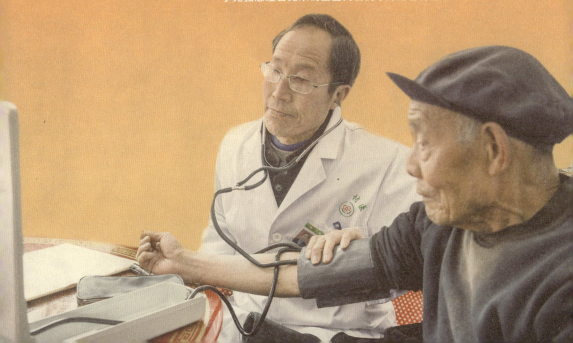

壹 数说幸福

NPC and CPPCC
Interpretation for the People

17 种抗癌药大幅降价并纳入国家医保目录。

居民医保人均财政补助标准增加 **30** 元，一半用于大病保险。

降低并统一大病保险起付线，报销比例由 **50%** 提高到 **60%**。

▼ 广东省人民医院药师遵照医嘱核对抗癌药物（2018 年 7 月 19 日摄）

报告原文

深化医疗、医保、医药联动改革。稳步推进分级诊疗。提高居民基本医保补助标准和大病保险报销比例。加快新药审评审批改革，17种抗癌药大幅降价并纳入国家医保目录。

保障基本医疗卫生服务。继续提高城乡居民基本医保和大病保险保障水平，居民医保人均财政补助标准增加30元，一半用于大病保险。降低并统一大病保险起付线，报销比例由50%提高到60%，进一步减轻大病患者、困难群众医疗负担。加强重大疾病防治。我国受癌症困扰的家庭以千万计，要实施癌症防治行动，推进预防筛查、早诊早治和科研攻关，着力缓解民生的痛点。做好常见慢性病防治，把高血压、糖尿病等门诊用药纳入医保报销。抓紧落实和完善跨省异地就医直接结算政策，尽快使异地就医患者在所有定点医院能持卡看病、即时结算，切实便利流动人口和随迁老人。深化公立医院综合改革。促进社会办医。加快建立远程医疗服务体系，加强基层医护人员培养，提升分级诊疗和家庭医生签约服务质量。坚持预防为主，将新增基本公共卫生服务财政补助经费全部用于村和社区，务必让基层群众受益。加强妇幼保健服务。支持中医药事业传承创新发展。药品疫苗攸关生命安全，必须强化全程监管，对违法者要严惩不贷，对失职渎职者要严肃查办，坚决守住人民群众生命健康的防线。

贰 解码幸福
NPC and CPPCC
Interpretation for the People

两会解读

> ### 李克强：降低大病保险起付线　提升大病保险报销标准

中央广播电视总台央视记者：

总理您好！我们注意到，老百姓看病难看病贵、享受不到优质医疗资源的问题还是比较突出的，尤其是那些得了大病的患者，给他们的家庭带去很沉重的负担。请问总理在解决这些问题上，政府还有哪些有效举措？

国务院总理　李克强：

看病确实是重要的民生问题，尤其大病是民生的痛点。看病贵看病难的问题，在我们国家的确存在。这几年来，我们经过努力，不仅建立了向全民提供基本医疗保障的制度，而且在此基础上，由政府和居民共担，购买大病保险，建立了大病保险的机制，这是可以缓解大病患者特别是困难群众负担的一个重要举措，在世界上也应该是一个创举。

　　去年我们就听到许多关于抗癌药贵的呼声，我们通过减税等多种办法，让 17 种抗癌药降价 50% 以上，而且纳入医保，这让癌症患者特别是困难群众大大减轻了负担。这方面的事情，我们能做的都应该去做。

▲ 被纳入医保报销目录的西妥昔单抗（2018 年 10 月 10 日摄）

▲ 中科院合肥物质科学研究院研究员刘青松（左四）与同事们在实验室工作（2019 年 7 月 13 日摄）

　　今年我们还要做两件这方面的事，并且要尽力。一是把高血压、糖尿病等慢性病患者的门诊用药纳入医保，给予 50% 的报销，这将惠及我国 4 亿高血压、糖尿病患者。我到基层去调研，有一些人告诉我，他们得了这类慢性病，每天都不能断药，负担很重，有的把养老金相当一部分用来买药，我们要努力解决这方面的问题。二是要降低大病保险的起付线，提升大病保险的报销标准。现在近 14 亿人都进入大病保险了，要让更多的人、上千万的人能够直接受益，因为我们这个大病保险是有倍数效应的。要看到，我们的医保虽然覆盖全民，但是水平不高，尤其是农民人均年收入不到 1.5 万元，遇到大病靠自己扛是很难的。所以政府和社会要共同出力，缓解这个民生之痛。没有健康就没有幸福。

两会声音

胡静林：今年要将更多救命救急的好药纳入医保

国家医疗保障局局长　胡静林：

　　抗癌药进入医保是第一步，怎样让患者尽快用上谈判药品，非常重要。国家医保局主要做了两方面工作，一是明确谈判药品费用不占原来的医保总额预算，二是会同有关部门明确不得以"药占比"等为由影响抗癌药的使用。目前看来，抗癌药"落地"情况比较顺畅。

　　今年要开展新一轮医保药品目录调整工作，将更多救命救急的好药纳入医保。目录调整也要做好临床需求和医保基金承受能力之间的平衡，按照"保基本"的要求，重点考虑基本药物、癌症和罕见病等重大疾病用药、慢性疾病用药、儿童疾病用药等老百姓非常关心的用药。要通过优化医保药品目录结构，进一步缓解群众用药难、用药贵的问题。

▲ 在福建医科大学附属第一医院，护士引导患者凭出院结算短信直接到住院收费处领取发票和余款，大大简化出院手续，实现医保结算"零等待"（2018 年 3 月 22 日摄）

马晓伟：保证抗癌药品供应，把为群众"最后一公里"的服务做好

东方卫视记者：

我们知道今年李克强总理在政府工作报告当中提出要实施癌症防治行动，要推进预防筛查、早诊早治以及科研攻关等等，请问卫健委今年会有相对具体的工作计划和目标吗？

国家卫生健康委员会主任　马晓伟：

癌症是危害我国人民生命健康的重大疾病，党中央、国务院高度重视癌症防治工作。近年来，我国癌症防治工作取得相当大的成果。

最近，国务院刚刚研究了癌症防治工作，主要有几个方面的工作要做。

第一，在全国县以上医疗机构建立癌症登记报告制度；

第二，推广癌症的"三早"，早期筛查、早期诊断、早期治疗，降低癌症死亡率；

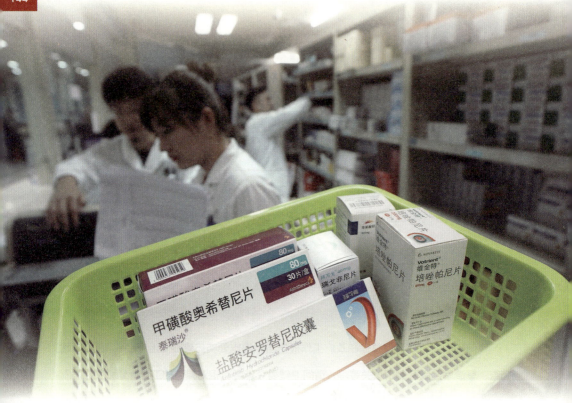

▲ 北京大学肿瘤医院，图中拍摄的是 2018 年新纳入医保的 17 种抗癌药品中的部分药品
（2018 年 10 月 31 日摄）

　　第三，坚持预防为主，扩大健康科普宣传，让老百姓知晓这方面的知识，更好地预防癌症；

　　第四，建立国家、省、市、县四级癌症防治体系，为防治工作提供坚强的技术支撑；

　　第五，要保证药品供应，大家都知道抗癌药降价、进医保了，我们一定还要让这些抗癌药进医院，把为群众"最后一公里"的服务做好；

　　第六，加强科技攻关，提高科研水平，解决肿瘤防治当中的技术瓶颈问题。

两会金句

"要坚决维护好医保基金的安全，绝不让医保基金成为新的'唐僧肉'。"

——国家医疗保障局局长　胡静林

▲ 陕西省宁强县天津医院医生与北京航天中心医院专家进行远程会诊（2019 年 3 月 18 日摄）

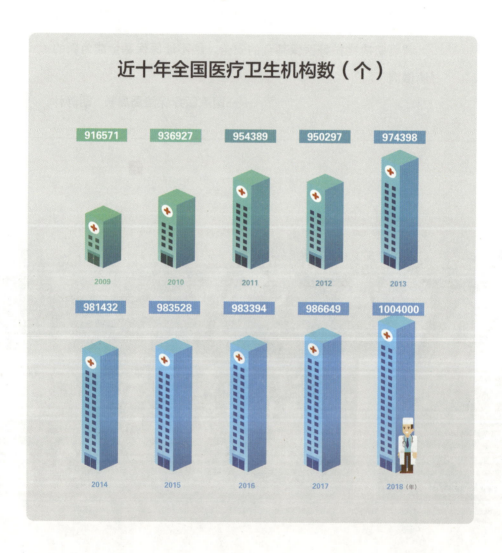

责任编辑：娜　拉　舒　月　史　伟　任国斌
责任校对：夏玉婵
封面设计：吴燕妮

图书在版编目（CIP）数据

百姓看两会／新华通讯社新闻信息中心 编. —北京：
人民出版社，2019
ISBN 978－7－01－020774－2

Ⅰ.①百…　Ⅱ.①新…　Ⅲ.①全国人民代表大会-
文件- 2019 -学习参考资料②中国人民政治协商会议-
文件- 2019 -学习参考资料　Ⅳ.①D622②D627

中国版本图书馆 CIP 数据核字（2019）第 077664 号

百姓看两会
BAIXING KAN LIANGHUI

新华通讯社新闻信息中心　编

人民出版社 出版发行
（100706　北京市东城区隆福寺街 99 号）

北京市博海升彩色印刷有限公司印刷　新华书店经销

2019 年 5 月第 1 版　2019 年 5 月北京第 1 次印刷
开本：710 毫米×1000 毫米 1/16　印张：9.5
字数：80 千字

ISBN 978－7－01－020774－2　定价：49.00 元

邮购地址 100706　北京市东城区隆福寺街 99 号
人民东方图书销售中心　电话（010）65250042　65289539